AF359702

LE DESSOUS DES CARTES

D'UNE PARTIE DE WHIST.

Le Dessous de Cartes
d'une Partie de Whist

JUSTIFICATIF

Le Dessous de Cartes d'une Partie de Whist
DE
Jules Barbey d'Aurevilly

*est la cinquième Diabolique illustrée publiée dans ce format et
sur un vélin de Rèves filigrané, à 125 exemplaires numérotés, plus
quatre Japon impérial, hors commerce,
par la maison d'édition à l'enseigne
« La Connaissance »,
et sous la devise
« On se lasse de tout excepté de connaître, »
sise à Paris, 9, Galerie de la Madeleine.*

*Les illustrations à la pointe sèche sont de
Malo Renault.*

*L'impression est de P. Dykmans,
12, rue du Boulet, à Bruxelles,
le 30 Mars 1927.*

J. Barbey d'Aurevilly

● LES DIABOLIQUES ●

Le Dessous de Cartes d'une Partie de Whist

Pointes sèches de
Malo
RENAULT

PARIS

" LA CONNAISSANCE "

9, Galerie de la Madeleine, 9

MCMXXVII

Dessous de Cartes d'une Partie de Whist

> — Vous moquez-vous de nous, monsieur,
> avec une pareille histoire ?
> — Est-ce qu'il n'y a pas, madame, une
> espèce de tulle, qu'on appelle du tulle illu-
> sion ?
>
> *(A une soirée chez le prince T...)*

I

J'étais, un soir de l'été dernier, chez la baronne de Mascranny, une des femmes de Paris qui aiment le plus l'esprit
comme on en avait autrefois, et qui ouvre les deux battants de
son salon — un seul suffirait — au peu qui en reste parmi nous.

Est-ce que dernièrement l'Esprit ne s'est pas changé en une bête
à prétention qu'on appelle l'Intelligence ?... La baronne de Mascranny est, par son mari, d'une ancienne et très illustre famille,
originaire des Grisons. Elle porte, comme tout le monde le sait,
*de gueules à trois fasces, vivrées de gueules à l'aile éployée d'argent,
addextrée d'une clef d'argent, senestrée d'un casque de même, l'écu
chargé, en cœur, d'un écusson d'azur à une fleur de lys d'or ;* et ce
chef, ainsi que les pièces qui le couvrent, ont été octroyés par
plusieurs souverains de l'Europe à la famille de Mascranny, en
récompense des services qu'elle leur a rendus à différentes
époques de l'histoire. Si les souverains de l'Europe n'avaient pas
aujourd'hui de bien autres affaires à démêler, ils pourraient
charger de quelque pièce nouvelle un écu déjà si noblement
compliqué, pour le soin véritablement héroïque que la baronne
prend de la conversation, cette fille expirante des aristocraties
oisives et des monarchies absolues. Avec l'esprit et les manières
de son nom, la baronne de Mascranny a fait de son salon une
espèce de Coblentz délicieux où s'est réfugiée la conversation
d'autrefois, la dernière gloire de l'esprit français, forcé d'émigrer
devant les mœurs utilitaires et occupées de notre temps. C'est
là que chaque soir, jusqu'à ce qu'il se taise tout à fait, il chante
divinement son chant du cygne. Là, comme dans les rares
maisons de Paris où l'on a conservé les grandes traditions de la
causerie, on ne carre guère de phrases, et le monologue est à peu
près inconnu. Rien n'y rappelle l'article du journal et le discours
politique, ces deux moules si vulgaires de la pensée, au dix-neu-
vième siècle. L'esprit se contente d'y briller en mots charmants

ou profonds, mais bientôts dits, quelquefois même en de simples
intonations, et moins que cela encore, en quelque petit geste de
génie. Grâce à ce bienheureux salon, j'ai mieux reconnu une puissance dont je n'avais jamais douté, la puissance du monosyllabe.
Que de fois j'en ai entendu lancer ou laisser tomber avec un
talent bien supérieur à celui de Mlle Mars, la reine du monosyllabe à la scène, mais qu'on eût lestement détrônée au faubourg
Saint-Germain, si elle avait pu y paraître ; car les femmes y sont
trop grandes dames pour, quand elles sont fines, y *raffiner la
finesse* comme une actrice qui joue Marivaux.

Or, ce soir-là, par exception, le vent n'était pas au monosyllabe. Quand j'entrai chez la baronne de Mascranny, il s'y
trouvait assez de monde qu'elle appelle *ses intimes*, et la conversation y était animée de cet entrain qu'elle y a toujours. Comme
les fleurs exotiques qui y ornent les vases de jaspe de ses
consoles, les intimes de la baronne sont un peu de tous les pays.
Il y a parmi eux des Anglais, des Polonais, des Russes ; mais ce
sont tous des Français pour le langage et par ce tour d'esprit et
de manières qui est le même partout, à une certaine hauteur de
société. Je ne sais pas de quel point on était parti pour en
arriver là ; mais, quand j'entrai, on parlait romans. *Parler
romans*, c'est comme si chacun avait parlé de sa vie. Est-il
nécessaire d'observer que, dans cette réunion d'hommes et de
femmes du monde, on n'avait pas le pédantisme d'agiter la
question littéraire ? Le fond des choses, et non la forme, préoc-
cupait. Chacun de ces moralistes supérieurs, de ces praticiens,
à divers degrés, de la passion et de la vie, qui cachaient de

sérieuses expériences sous des propos légers et des airs détachés, ne voyait alors dans le roman qu'une question de nature humaine, de mœurs et d'histoire. Rien de plus. Mais n'est-ce donc pas tout ?... Du reste, il fallait qu'on eût déjà beaucoup causé sur ce sujet, car les visages avaient cette intensité de physionomie qui dénote un intérêt pendant longtemps excité. Délicatement fouettés les uns par les autres, tous ces esprits avaient leur mousse. Seulement, quelques âmes vives — j'en pouvais compter trois ou quatre dans ce salon — se tenaient en silence, les unes le front baissé, les autres l'œil fixé rêveusement aux bagues d'une main étendue sur leurs genoux. Elles cherchaient peut-être à corporiser leurs rêveries, ce qui est aussi difficile que de spiritualiser ses sensations. Protégé par la discussion, je me glissai sans être vu derrière le dos éclatant et velouté de la belle comtesse de Damnaglia, qui mordait du bout de sa lèvre l'extrémité de son éventail replié, tout en écoutant, comme ils écoutaient tous, dans ce monde où savoir écouter est un charme. Le jour baissait, un jour rose qui se teignait enfin de noir, comme les vies heureuses. On était rangé en cercle et on dessinait, dans la pénombre crépusculaire du salon, comme une guirlande d'hommes et de femmes, dans des poses diverses, négligemment attentives. C'était une espèce de bracelet vivant dont la maîtresse de la maison, avec son profil égyptien, et le lit de repos sur lequel elle est éternellement couchée, comme Cléopâtre, formait l'agrafe. Une croisée ouverte laissait voir un pan du ciel et le balcon où se tenaient quelques personnes. Et l'air était si pur et le quai d'Orsay si profondément silencieux, à ce moment-là, qu'elles ne perdaient pas une syllabe de la voix qu'on entendait dans le salon, malgré les draperies en vénitienne de la fenêtre, qui devaient amortir cette voix sonore et en retenir les ondulations dans leurs plis. Quand j'eus reconnu celui qui parlait, je ne m'étonnai ni de cette attention, — qui n'était plus seulement une grâce octroyée par la grâce,... — ni de l'audace de qui gardait ainsi la parole plus longtemps qu'on n'avait coutume de le faire, dans ce salon d'un ton si exquis.

En effet, c'était le plus étincelant causeur de ce royaume de la causerie. Si ce n'est pas son nom, voilà son titre ! Pardon. Il en avait encore un autre... La médisance ou la calomnie, ces Ménechmes qui se ressemblent tant qu'on ne peut les reconnaître, et qui écrivent leur gazette à rebours, comme si c'était de l'hébreu (n'en est-ce pas souvent ?), écrivaient en égratignures qu'il avait été le héros de plus d'une aventure qu'il n'eût pas certainement, ce soir-là, voulu raconter.

« ...Les plus beaux romans de la vie, — disait-il, quand je m'établis sur mes coussins de canapé, à l'abri des épaules de la comtesse de Damnaglia, — sont des réalités qu'on a touchées du coude, ou même du pied, en passant. Nous en avons tous vu. Le roman est plus commun que l'histoire. Je ne parle pas de ceux-là qui furent des catastrophes éclatantes, des drames joués par l'audace des sentiments les plus exaltés à la majestueuse barbe de l'Opinion ; mais à part ces clameurs très rares, faisant scandale dans une société comme la nôtre, qui était hypocrite hier, et qui n'est plus que lâche aujourd'hui, il n'est personne de nous qui n'ait été témoin de ces faits mystérieux de sentiment ou de passion qui perdent toute une destinée, de ces brisements de cœur qui ne rendent qu'un bruit sourd, comme celui d'un corps tombant dans l'abîme caché d'une oubliette, et par-dessus lequel le monde met ses mille voix ou son silence. On peut dire souvent du roman ce que Molière disait de la vertu : « Où diable va-t-il se nicher ?... » Là où on le croit le moins, on le trouve ! Moi qui vous parle, j'ai vu dans mon enfance... non, vu n'est pas le mot ! j'ai deviné, pressenti, un de ces drames cruels, terribles, qui ne se jouent pas en public, quoique le public en voie les acteurs tous les jours; une de ces *sanglantes comédies*, comme disait Pascal, mais représentées à huis clos, derrière une toile de manœuvre, le rideau de la vie privée et de l'intimité. Ce qui sort de ces drames cachés, étouffés, que j'appellerai presque à *transpiration rentrée*, est plus sinistre, et d'un effet plus poignant sur l'imagination et sur le souvenir, que si le drame tout entier s'était déroulé sous vos yeux. Ce qu'on ne sait pas centuple l'impression de ce qu'on sait. Me trompé-je ? Mais je me figure que l'enfer, vu par un soupirail, devrait être plus effrayant que si, d'un seul et planant regard, on pouvait l'embrasser tout entier. »

Ici, il fit une légère pause. Il exprimait un fait tellement humain, d'une telle expérience d'imagination pour ceux qui en ont un peu, que pas un contradicteur ne s'éleva. Tous les visages peignaient la curiosité la plus vive. La jeune Sibylle, qui était pliée en deux aux pieds du lit de repos où s'étendait sa mère, se rapprocha d'elle avec une crispation de terreur, comme si l'on eût glissé un aspic entre sa plate poitrine d'enfant et son corset.

— Empêche-le, maman, — dit-elle, avec la familiarité d'une

enfant gâtée, élevée pour être une despote, — de nous dire ces atroces histoires qui font frémir.

— Je me tairai, si vous le voulez, mademoiselle Sibylle, — répondit celui qu'elle n'avait pas nommé, dans sa familiarité naïve et presque tendre.

Lui, qui vivait si près de cette jeune âme, en connaissait les curiosités et les peurs ; car, pour toutes choses, elle avait l'espèce d'émotion que l'on a quand on plonge les pieds dans un bain plus froid que la température, et qui coupe l'haleine à mesure qu'on entre dans la saisissante fraîcheur de son eau.

— Sibylle n'a pas la prétention, que je sache, d'imposer silence à mes amis, — fit la baronne en caressant la tête de sa fille, si prématurément pensive. — Si elle a peur, elle a la ressource de ceux qui ont peur : elle a la fuite ; elle peut s'en aller.

Mais la capricieuse fillette, qui avait peut-être autant d'envie de l'histoire que madame sa mère, ne fuit pas, mais redressa son maigre corps, palpitant d'intérêt effrayé, et jeta ses yeux noirs et profonds du côté du narrateur, comme si elle se fût penchée sur un abîme.

— Eh bien ! contez, — dit Mlle Sophie de Revistal, en tournant vers lui son grand œil brun baigné de lumière, et qui est si humide encore, quoiqu'il ait pourtant diablement brillé. — Tenez, voyez ! — ajouta-t-elle avec un geste imperceptible, — nous écoutons tous.

Et il raconta ce qui va suivre. Mais pourrai-je rappeler, sans l'affaiblir, ce récit, nuancé par la voix et le geste, et surtout faire ressortir le contre-coup de l'impression qu'il produisit sur toutes les personnes rassemblées dans l'atmosphère sympathique de ce salon ?

« J'ai été élevé en province, — dit le narrateur, mis en demeure de raconter, — et dans la maison paternelle. Mon père habitait une bourgade jetée nonchalamment les pieds dans l'eau, au bas d'une montagne, dans un pays que je ne nommerai pas, et près d'une petite ville qu'on reconnaîtra quand j'aurai dit qu'elle est, ou du moins qu'elle était, dans ce temps, la plus profondément et la plus férocement aristocratique de France. Je n'ai, depuis, rien vu de pareil. Ni notre faubourg Saint-Germain, ni la place Bellecour, à Lyon, ni les trois ou quatre grandes villes qu'on cite pour leur esprit d'aristocratie exclusif et hautain, ne pourraient donner une idée de cette petite ville de six mille âmes qui, avant 1789, avait cinquante voitures armoriées, roulant fièrement sur son pavé.

« Il semblait qu'en se retirant de toute la surface du pays, envahi chaque jour par une bourgeoisie insolente, l'aristocratie se fût concentrée là, comme dans le fond d'un creuset, et y jetât, comme un rubis brûlé, le tenace éclat qui tient à la substance même de la pierre, et qui ne disparaîtra qu'avec elle.

« La noblesse de ce nid de nobles qui mourront ou qui sont morts peut-être dans ces préjugés que j'appelle, moi, de sublimes vérités sociales, était incompatible comme Dieu. Elle ne connaissait pas l'ignominie de toutes les noblesses, la monstruosité des mésaillances.

« Les filles, ruinées par la Révolution, mouraient stoïquement vieilles et vierges, appuyées sur leurs écussons qui leur suffisaient

contre tout. Ma puberté s'est embrasée à la réverbération ardente
de ces belles et charmantes jeunesses qui savaient leur beauté
inutile, qui sentaient que le flot de sang qui battait dans leurs
cœurs et teignait d'incarnat leurs joues sérieuses, bouillonnait
vainement.

« Mes treize ans ont rêvé les dévoûments les plus roma-
nesques devant ces filles pauvres qui n'avaient plus que la
couronne fermée de leurs blasons pour toute fortune, majes-
tueusement tristes, dès leurs premiers pas dans la vie, comme il
convient à des condamnées du Destin. Hors de son sein, cette
noblesse, pure comme l'eau des roches, ne voyait personne.

« Comment voulez-vous, — disaient-ils, — que nous voyions
tous ces bourgeois dont les pères ont donné des assiettes aux
nôtres ?

« Ils avaient raison ; c'était impossible, car, pour cette petite
ville, c'était vrai. On comprend l'affranchissement, à de grandes
distances ; mais, sur un terrain grand comme un mouchoir, les
races se séparent par leur rapprochement même. Ils se voyaient
donc entre eux, et ne voyaient qu'eux et quelques Anglais.

« Car les Anglais étaient attirés par cette petite ville qui leur
rappelait certains endroits de leurs comtés. Ils l'aimaient pour son
silence, pour sa tenue rigide, pour l'élévation froide de ses habitudes, pour les quatre pas qui la séparaient de la mer qui les avait
apportés, et aussi pour la possibilité d'y doubler, par le bas prix
des choses, le revenu insuffisant des fortunes médiocres dans leur
pays.

« Fils de la même barque de pirates que les Normands, à leurs yeux c'était une espèce de *Continental England* que cette ville normande, et ils y faisaient de longs séjours.

« Les petites *miss* y apprenaient le français en poussant leur cerceau sous les grêles tilleuls de la place d'armes ; mais, vers dix-huit ans, elles s'envolaient en Angleterre, car cette noblesse ruinée ne pouvait guère se permettre le luxe dangereux d'épouser des filles qui n'ont qu'une simple dot, comme les Anglaises. Elles partaient donc, mais d'autres migrations venaient bientôt s'établir dans leurs demeures abandonnées, et les rues silencieuses, où l'herbe poussait comme à Versailles, avaient toujours à peu près le même nombre de promeneuses à voile vert, à robe à carreaux, et à plaid écossais. Excepté ces séjours, en moyenne de sept à dix ans, que faisaient ces familles anglaises, presque toutes renouvelées à de si longs intervalles, rien ne rompait la monotonie d'existence de la petite ville dont il est question. Cette monotonie était effroyable.

« On a souvent parlé — et que n'a-t-on point dit ! — du cercle étroit dans lequel tourne la vie de province ; mais ici cette vie, pauvre partout en événements, l'était d'autant plus que les passions de classe à classe, les antagonismes de vanité, n'existaient pas comme dans une foule de petits endroits, où les jalousies, les haines, les blessures d'amour-propre entretiennent une fermentation sourde qui éclate parfois dans quelque scandale, dans quelque noirceur, dans une de ces bonnes petites scélératesses sociales pour lesquelles il n'y a pas de tribunaux.

« Ici, la démarcation était si profonde, si épaisse, si infranchissable, entre ce qui était noble et ce qui ne l'était pas, que toute lutte entre la noblesse et la roture était impossible.

« En effet, pour que la lutte existe, il faut un terrain commun et un engagement, et il n'y en avait pas. Le diable, comme on dit, n'y perdait rien, sans doute.

« Dans le fond du cœur de ces bourgeois dont les pères *avaient donné des assiettes*, dans ces têtes de fils de domestiques, affranchis et enrichis, il y avait des cloaques de haine et d'envie, et ces cloaques élevaient souvent leur vapeur et leur bruit d'égout contre ces nobles, qui les avaient entièrement sortis de l'orbe de leur attention et de leur rayon visuel, depuis qu'ils avaient quitté leurs livrées.

« Mais tout cela n'atteignait pas ces patriciens distraits dans la forteresse de leurs hôtels, qui ne s'ouvraient qu'à leurs égaux, et pour qui la vie finissait à la limite de leur caste. Qu'importait ce qu'on disait d'eux, plus bas qu'eux ?... Ils ne l'entendaient pas. Les jeunes gens qui auraient pu s'insulter, se prendre de querelle, ne se rencontraient point dans les lieux publics, qui sont des arènes chauffées à rouge par la présence et les yeux des femmes.

« Il n'y avait pas de spectacle. La salle manquant, jamais il ne passait de comédiens. Les cafés, ignobles comme des cafés de province, ne voyaient guère autour de leurs billards que ce qu'il y avait de plus abaissé parmi la bourgeoisie, quelques mauvais sujets tapageurs et quelques officiers en retraite, débris fatigués des guerres de l'Empire. D'ailleurs, quoique enragés d'égalité blessée (ce sentiment qui, à lui seul, explique les horreurs de la Révolution), ces bourgeois avaient gardé, malgré eux, la superstition des respects qu'ils n'avaient plus.

« Le respect des peuples ressemble un peu à cette sainte Ampoule, dont on s'est moqué avec une bêtise de tant d'esprit. Lorsqu'il n'y en a plus, il y en a encore. Le fils du bimbelotier déclame contre l'inégalité des rangs ; mais, seul, il n'ira point traverser la place publique de sa ville natale, où tout le monde se connaît et où l'on vit depuis l'enfance, pour insulter de gaieté de cœur le fils d'un Clamorgan-Taillefer, par exemple, qui passe donnant le bras à sa sœur. Il aurait la ville contre lui. Comme toutes les choses haïes et enviées, la naissance exerce physiquement sur ceux qui la détestent une action qui est peut-être la meilleure preuve de son droit. Dans les temps de révolution, on réagit contre elle, ce qui est la subir encore ; mais dans les temps calmes, on la subit tout au long.

« Or, on était dans une de ces périodes tranquilles, en 182... Le libéralisme, qui croissait à l'ombre de la Charte constitutionnelle comme les chiens de la lice grandissaient dans leur chenil d'emprunt, n'avait pas encore étouffé un royalisme que le passage des Princes, revenant de l'exil, avait remué dans tous les cœurs jusqu'à l'enthousiasme. Cette époque, quoi qu'on ait dit, fut un moment superbe pour la France, convalescente monarchique, à qui le couperet des révolutions avait tranché les mamelles, mais qui, pleine d'espérance, croyait pouvoir vivre ainsi, et ne sentait pas dans ses veines les germes mystérieux du cancer qui l'avait déjà déchirée, et qui, plus tard, devra la tuer.

« Pour la petite ville que j'essaie de vous faire connaître, ce fut un moment de paix profonde et concentrée. Une mission qui venait de se clore avait, dans la société noble, engourdi le dernier

symptôme de la vie, l'agitation et les plaisirs de la jeunesse. On
ne dansait plus. Les bals étaient proscrits comme une perdition.
Les jeunes filles portaient des croix de mission sur leurs gorge-
rettes, et formaient des associations religieuses sous la direction
d'une présidente. On tendait au *grave*, à faire mourir de rire, si
l'on avait osé. Quand les quatre tables de whist étaient établies
par les douairières et les vieux gentilshommes, et les deux tables
d'écarté pour les jeunes gens, ces demoiselles se plaçaient,
comme à l'église, dans leurs chapelles où elles étaient séparées
des hommes, et elles formaient, dans un angle du salon, un
groupe silencieux... pour leur sexe (car tout est relatif), chucho-
tant au plus quand elles parlaient, mais bâillant *en dedans* à se
rougir les yeux, et contrastant par leur tenue un peu droite avec
la souplesse pliante de leurs tailles, le rose et le lilas de leurs
robes, et la folâtre légèreté de leurs pèlerines de blonde et de leurs
rubans. »

II

« La seule chose, continua le conteur de cette histoire où
tout est vrai et *réel* comme la petite ville où elle s'est passée, et
qu'il avait peinte si *ressemblante* que quelqu'un, moins discret
que lui, venait d'en prononcer le nom; — la seule chose qui eût,
je ne dirai pas la physionomie d'une passion, mais enfin qui
ressemblât à du mouvement, à du désir, à de l'intensité de
sensation, dans cette société singulière où les jeunes filles avaient
quatre-vingts ans d'ennui dans leurs âmes limpides et introu-
blées, c'était le jeu, la dernière passion des âmes usées.

« Le jeu, c'était la grande affaire de ces anciens nobles,
taillés dans le patron des grands seigneurs, et désœuvrés comme
de vieilles femmes aveugles. Ils jouaient comme des Normands,
des aïeux d'Anglais, la nation la plus joueuse du monde. Leur
parenté de race avec les Anglais, l'émigration en Angleterre, la
dignité de ce jeu, silencieux et contenu comme la grande diplo-
matie, leur avaient fait adopter le whist. C'était le whist qu'ils
avaient jeté, pour le combler, dans l'abîme sans fond de leurs
jours vides. Ils le jouaient après leur dîner, tous les soirs,
jusqu'à minuit ou une heure du matin, ce qui est une vraie
saturnale pour la province. Il y avait la partie du marquis de
Saint-Albans, qui était l'évènement de chaque journée. Le
marquis semblait être le seigneur féodal de tous ces nobles,
et ils l'entouraient de cette considération respectueuse qui vaut
une auréole, quand ceux qui la témoignent la méritent.

« Le marquis était très fort au whist. Il avait soixante-dix-neuf ans. Avec qui n'avait-il pas joué ?... Il avait joué avec Maurepas, avec le comte d'Artois lui-même, habile au whist comme à la paume, avec le prince de Polignac, avec l'évêque Louis de Rohan, avec Cagliostro, avec le Prince de Lippe, avec Fox, avec Dundas, avec Sheridan, avec le Prince de Galles, avec Talleyrand, avec le Diable, quand il se donnait à tous les diables, aux plus mauvais jours de l'émigration. Il lui fallait donc des adversaires dignes de lui. D'ordinaire, les Anglais reçus par la noblesse fournissaient leur contingent de forces à cette partie, dont on parlait comme d'une institution et qu'on appelait le whist de M. de Saint-Albans, comme on aurait dit, à la cour, le whist du Roi.

« Un soir, chez M*me* de Beaumont, les tables vertes étaient dressées ; on attendait un Anglais, un M. Hartford, pour la partie du grand marquis. Cet Anglais était une espèce d'industriel qui faisait aller une manufacture de coton au Pont-aux-Arches, — par parenthèse, une des premières manufactures qu'on eût vues dans ce pays dur à l'innovation, non par ignorance ou par difficulté de comprendre, mais par cette prudence qui est le caractère distinctif de la race normande. — Permettez-moi encore une parenthèse : Les Normands me font toujours l'effet de ce renard si fort en sorite dans Montaigne. Où ils mettent la patte, on est sûr que la rivière est bien prise, et qu'ils peuvent, de cette puissante patte, appuyer.

« Mais, pour en revenir à notre Anglais, à ce M. Hartford, — que les jeunes gens appelaient *Hartford* tout court, quoique

cinquante ans fussent bien sonnés sur le timbre d'argent de sa
tête, que je vois encore avec ses cheveux ras et luisants comme
une calotte de soie blanche, — il était un des favoris du marquis.
Quoi d'étonnant ? C'était un joueur de la grande espèce, un
homme dont la vie (véritable fantasmagorie d'ailleurs) n'avait
de signification et de réalité que quand il tenait des cartes, un
homme, enfin, qui répétait sans cesse que le premier bonheur
était de gagner au jeu, et que le second était d'y perdre ; magnifique axiome qu'il avait pris à Sheridan, mais qu'il appliquait de
manière à se faire absoudre de l'avoir pris. Du reste, à ce vice du
jeu près (en considération duquel le marquis de Saint-Albans lui
eût pardonné les plus éminentes vertus), M. Hartford passait
pour avoir toutes les qualités pharisaïques et protestantes que les
Anglais sous-entendent dans le confortable mot d'*honorability*.
On le considérait comme un parfait gentleman. Le marquis
l'emmenait passer des huitaines à son château de la Vanillière,
mais à la ville il le voyait tous les soirs. Ce soir-là donc, on
s'étonnait, et le marquis lui-même, que l'exact et scrupuleux
étranger fût en retard...

« On était en août. Les fenêtres étaient ouvertes sur un de
ces beaux jardins comme il n'y en a qu'en province, et les jeunes
filles, massées dans les embrasures, causaient entre elles, le front
penché sur leurs festons. Le marquis, assis devant la table de
jeu, fronçait ses longs sourcils blancs. Il avait les coudes appuyés
sur la table. Ses mains d'une beauté sénile, jointes sous son
menton, soutenaient son imposante figure étonnée d'attendre,
comme celle de Louis XIV, dont il avait la majesté. Un domes-

tique annonça enfin M. Hartford. Il parut, dans sa tenue irréprochable accoutumée, linge éblouissant de blancheur, bagues à tous les doigts, comme nous en avons vu depuis à M. Bulwer, un foulard des Indes à la main, et sur les lèvres (car il venait de dîner) la pastille parfumée qui voilait les vapeurs des essences d'anchois, de l'*harvey-sauce* et du porto.

« Mais il n'était pas seul. Il alla saluer le marquis et lui présenta, comme un bouclier contre tout reproche, un Ecossais de ses amis, M. Marmor de Karkoël, qui lui était tombé à la manière d'une bombe, pendant son dîner, et qui était le meilleur joueur de whist des Trois Royaumes.

« Cette circonstance, d'être le meilleur *whisteur* de la triple Angleterre, étendit un sourire charmant sur les lèvres pâles du marquis. La partie fut aussitôt constituée. Dans son empressement à se mettre au jeu, M. de Karkoël n'ôta pas ses gants, qui rappelaient par leur perfection ces célèbres gants de Byran Brummell, coupés par trois ouvriers spéciaux, deux pour la main et un pour le pouce. Il fut le partner de M. de Saint-Albans. La douairière de Hautcardon, qui avait cette place, la lui céda.

« Or, ce Marmor de Karkoël, mesdames, était, pour la tournure, un homme de vingt-huit ans à peu près ; mais un soleil brûlant, des fatigues ignorées, ou des passions peut-être, avaient attaché sur sa face le masque d'un homme de trente-cinq. Il n'était pas beau, mais il était expressif. Ses cheveux étaient noirs, très durs, droits, un peu courts, et sa main les écartait souvent de ses tempes et les rejetait en arrière. Il y avait dans ce mouvement une véritable, mais sinistre éloquence de geste. Il

17

semblait écarter un remords. Cela frappait d'abord, et, comme les choses profondes, cela frappait toujours.

« J'ai connu pendant plusieurs années ce Karkoël, et je puis assurer que ce sombre geste, répété dix fois dans une heure, produisait toujours son effet et faisait venir dans l'esprit de cent personnes la même pensée. Son front régulier, mais bas, avait de l'audace. Sa lèvre rasée (on ne portait pas alors de moustaches comme aujourd'hui) était d'une immobilité à désespérer Lavater et tous ceux qui croient que le secret de la nature d'un homme est mieux écrit dans les lignes mobiles de sa bouche que dans l'expression de ses yeux. Quand il souriait, son regard ne souriait pas, et il montrait des dents d'un émail de perles, comme ces Anglais, fils de la mer, en ont parfois pour les perdre ou les noircir, à la manière chinoise, dans les flots de leur affreux thé. Son visage était long, creusé aux joues, d'une certaine couleur olive qui lui était naturelle, mais chaudement hâlé, par-dessus, des rayons d'un soleil qui, pour l'avoir si bien mordu, n'avait pas dû être le soleil émoussé de la vaporeuse Angleterre. Un nez long et droit, mais qui dépassait la courbe du front, partageait ses deux yeux noirs à la Macbeth, encore plus sombres que noirs et très rapprochés, ce qui est, dit-on, la marque d'un caractère extravagant ou de quelque insanité intellectuelle. Sa mise avait de la recherche. Assis nonchalamment comme il était là, à cette table de whist, il paraissait plus grand qu'il n'était réellement, par un léger manque de proportion dans son buste, car il était petit; mais, au défaut près que je viens de signaler, très bien fait et d'une vigueur de souplesse endormie, comme celle du tigre

dans sa peau de velours. Parlait-il bien le français ? La voix, ce
ciseau d'or avec lequel nous sculptons nos pensées dans l'âme de
ceux qui nous écoutent et y gravons la séduction, l'avait-il
harmonique à ce geste que je ne puis me rappeler aujourd'hui
sans en rêver ? Ce qu'il y a de certain, c'est que, ce soir-là, elle
ne fit tressaillir personne. Elle ne prononça, dans un diapason
fort ordinaire, que les mots sacramentels de *tricks* et d'*honneurs*,
les seules expressions qui, au whist, coupent à d'égaux intervalles
l'auguste silence au fond duquel on joue enveloppé.

« Ainsi, dans ce vaste salon plein de gens pour qui l'arrivée
d'un Anglais était une circonstance peu exceptionnelle, personne,
excepté la table du marquis, ne prit garde à ce *whisteur* inconnu,
remorqué par Hartford. Les jeunes filles ne retournèrent pas seulement la tête par-dessus l'épaule pour le voir. Elles étaient à
discuter (on commençait à discuter dès ce temps-là) la compo-
sition du bureau de leur congrégation et la démission d'une des
vice-présidentes qui n'était pas ce jour-là chez Mme de Beaumont.
C'était un peu plus important que de regarder un Anglais ou un
Écossais. Elles étaient un peu blasées sur ces éternelles importa-
tions d'Anglais et d'Écossais. Un homme qui, comme les autres,
ne s'occuperait que des dames de carreau et de trèfle ! Un protes-
tant, d'ailleurs ! un hérétique ! encore, si c'eût été un lord catho-
lique d'Irlande ! Quant aux personnes âgées, qui jouaient déjà
aux autres tables lorsqu'on annonça M. Hartford, elles jetèrent
un regard distrait sur l'étranger qui le suivait et se replongèrent,
de toute leur attention, dans leurs cartes, comme des cygnes
plongent dans l'eau de toute la longueur de leurs cous.

« M. de Karkoël ayant été choisi pour le partner du marquis de Saint-Albans, la personne qui jouait en face de M. Hartford était la comtesse du Tremblay de Stasseville, dont la fille Herminie, la plus suave fleur de cette jeunesse qui s'épanouissait dans les embrasures du salon, parlait à Mlle Ernestine de Beaumont. Par hasard, les yeux de Mlle Herminie se trouvaient dans la direction de la table où jouait sa mère.

« — Regardez, Ernestine, — fit-elle à demi-voix, — comme cet Écossais donne !

« M. de Karkoël venait de se déganter. Il avait tiré de leur étui de chamois parfumé, des mains blanches et bien sculptées, à faire la religion d'une petite maîtresse qui les aurait eues, et il donnait les cartes comme on les donne au whist, une à une, mais avec un mouvement circulaire d'une rapidité si prodigieuse, que cela étonnait comme le doigté de Liszt. L'homme qui maniait les cartes ainsi devait être leur maître... Il y avait dix ans de tripot dans cette foudroyante et augurale manière de donner.

« — C'est la difficulté vaincue dans le mauvais ton, — dit la hautaine Ernestine, de sa lèvre la plus dédaigneuse, — mais le mauvais ton est vainqueur !

« Dur jugement pour une si jeune demoiselle ; avoir *bon ton* était plus pour cette jolie tête-là que d'avoir l'esprit de Voltaire. Elle a manqué sa destinée, Mlle Ernestine de Beaumont, et elle a dû mourir de chagrin de n'être pas la *camerera major* d'une reine d'Espagne.

« La manière de jouer de Marmor de Karkoël fit équation avec cette donne merveilleuse. Il montra une supériorité qui enivra de plaisir le vieux marquis, car il éleva la manière de jouer de l'ancien partner de Fox, et l'enleva jusqu'à la sienne. Toute supériorité quelconque est une séduction irrésistible, qui procède par rapt et vous emporte dans son orbite. Mais ce n'est pas tout. Elle vous féconde en vous emportant. Voyez les grands causeurs ! ils donnent la réplique et ils l'inspirent. Quand ils ne causent plus, les sots, privés du rayon qui les dora, reviennent, ternes, à fleur d'eau de conversation, comme des poissons morts retournés qui montrent un ventre sans écailles. M. de Karkoël fit bien plus que d'apporter une sensation nouvelle à un homme qui les avait épuisées : il augmenta l'idée que le marquis avait de lui-même, il couronna d'une pierre de plus l'obélisque, depuis longtemps mesuré, que ce roi du whist s'était élevé dans les discrètes solitudes de son orgueil.

« Malgré l'émotion qui le rajeunissait, le marquis observa l'étranger pendant la partie, du fond de cette *patte d'oie* (comme nous disons de la griffe du Temps, pour lui payer son insolence de nous la mettre sur la figure) qui bridait ses yeux spirituels. L'Écossais ne pouvait être goûté, apprécié, dégusté, que par un joueur d'une très grande force. Il avait cette attention profonde, réfléchie, qui se creuse en combinaisons sous les rencontres du jeu, et il la voilait d'une impassibilité superbe. A côté de lui, les sphinx accroupis dans la lave de leur basalte auraient semblé les statues des Génies de la confiance et de l'expansion. Il jouait comme s'il eût joué avec trois paires de mains qui eussent tenu les cartes, sans s'inquiéter de savoir à qui ces mains appartenaient. Les dernières brises de cette soirée d'août déferlaient en

vagues de souffles et de parfums sur ces trente chevelures de jeunes filles, nu-tête, pour arriver chargées de nouveaux parfums et
d'effluves virginales, prises à ce champ de têtes radieuses, et se
briser contre ce front cuivré, large et bas, écueil de marbre
humain qui ne faisait pas un seul pli. Il ne s'en apercevait
même pas. Ses nerfs étaient muets. En cet instant, il faut
l'avouer, il portait bien son nom de Marmor ! Inutile de dire
qu'il gagna.

« Le marquis se retirait toujours vers minuit. Il fut reconduit
par l'obséquieux Hartford, qui lui donna le bras jusqu'à sa
voiture.

« C'est le Dieu du *chelem* (*slam*) que ce Karkoël ! — lui dit-
il, avec la surprise de l'enchantement ; — arrangez-vous pour
qu'il ne nous quitte pas de sitôt.

« Hartford le promit et le vieux marquis, malgré son âge et
son sexe, se prépara à jouer le rôle d'une sirène d'hospitalité.

« Je me suis arrêté sur cette première soirée d'un séjour qui
dura plusieurs années. Je n'y étais pas ; mais elle m'a été racon-
tée par un de mes parents plus âgé que moi, et qui, joueur comme
tous les jeunes gens de cette petite ville où le jeu était l'unique
ressource qu'on eût, dans cette famine de toutes les passions, se
prit de goût pour le Dieu du *chelem*. Revue en se retournant et
avec des impressions rétrospectives qui ont leur magie, cette soirée, d'une prose commune et si connue, une partie de whist
gagnée, prendra des proportions qui pourront peut-être vous
étonner. — La quatrième personne de cette partie, la comtesse
de Stasseville, ajoutait mon parent, perdit son argent avec l'in-

différence aristocratique qu'elle mettait à tout. Peut-être fut-ce de cette partie de whist que son sort fut décidé, là où se font les destinées. Qui comprend un seul mot à ce mystère de la vie ?... Personne n'avait alors d'intérêt à observer la comtesse. Le salon ne fermentait que du bruit des jetons et des fiches... Il aurait été curieux de surprendre dans cette femme, jugée alors et rejugée un glaçon poli et coupant, si ce qu'on a cru depuis et répété tout bas avec épouvante, a daté de ce moment-là.

« La comtesse du Tremblay de Stasseville était une femme de quarante ans, d'une très faible santé, pâle et mince, mais d'un mince et d'un pâle que je n'ai vus qu'à elle. Son nez bourbonien, un peu pincé, ses cheveux châtain clair, ses lèvres très fines, annonçaient une femme de race, mais chez qui la fierté peut devenir aisément cruelle. Sa pâleur teintée de soufre était maladive.

« Elle se fût nommée Constance, — disait Mlle Ernestine de Beaumont, qui ramassait des épigrammes jusque dans Gibbon, — qu'on eût pu l'appeler Constance Chlore.

« Pour qui connaissait le genre d'esprit de Mlle de Beaumont, on était libre de mettre une atroce intention dans ce mot. Malgré sa pâleur, cependant, malgré la couleur hortensia passé des lèvres de la comtesse du Tremblay de Stasseville, il y avait pour l'observateur avisé, précisément dans ces lèvres à peine marquées, ténues et vibrantes comme la cordelette d'un arc, une effrayante physionomie de fougue réprimée et de volonté. La société de province ne le voyait pas. Elle ne voyait, elle, dans la rigidité de cette lèvre étroite et meurtrière, que le fil d'acier sur lequel dansait incessamment la flèche barbelée de l'épigramme. Des yeux pers

(car la comtesse portait de sinople, étincelé d'or, dans son regard
comme dans ses armes), couronnaient, comme deux étoiles fixes,
ce visage sans le réchauffer. Ces deux émeraudes, striées de jaune,
enchâssées sous les sourcils blonds et fades de ce front busqué,
étaient aussi froides que si on les avait retirées du ventre et du frai
du poisson de Polycrate. L'esprit seul, un esprit brillant, damas-
quiné et affilé comme une épée, allumait parfois dans ce regard
vitrifié les éclairs de ce *glaive qui tourne* dont parle la Bible. Les
femmes haïssaient cet esprit dans la comtesse du Tremblay,
comme s'il avait été de la beauté. Et, en effet, c'était la sienne !
Comme Mlle de Retz, dont le cardinal a laissé un portrait d'amant
qui s'est débarbouillé les yeux des dernières badauderies de sa
jeunesse, elle avait un défaut à la taille, qui pouvait à la rigueur
passer pour un vice. Sa fortune était considérable. Son mari,
mourant, l'avait laissée très peu chargée de deux enfants : un petit
garçon, bête à ravir, confié aux soins très paternels et très inutiles
d'un vieil abbé qui ne lui apprenait rien, et sa fille Herminie, dont
la beauté aurait été admirée dans les cercles les plus difficiles et
les plus artistes de Paris. Quant à sa fille, elle l'avait élevée irré-
prochablement, au point de vue de l'éducation officielle. L'irréprochable de Mme de Stasseville ressemblait toujours un peu à de
l'impertinence. Elle en faisait une jusque de sa vertu, et qui sait
si ce n'était pas son unique raison pour y tenir ? Toujours est-il
qu'elle était vertueuse ; sa réputation défiait la calomnie. Aucune
dent de serpent ne s'était usée sur cette lime. Aussi, de regret for-
cené de n'avoir pu l'entamer, on s'épuisait à l'accuser de froideur.
Cela tenait, sans nul doute, disait-on (on raisonnait, on faisait de

la science!), à la décoloration de son sang. Pour peu qu'on eût poussé ses meilleures amies, elles lui auraient découvert dans le cœur la certaine barre *historique* qu'on avait inventée contre une femme bien charmante et bien célèbre du siècle dernier, afin d'expliquer qu'elle eût laissé toute l'Europe élégante à ses pieds, pendant dix ans, sans la faire monter d'un cran plus haut. »

Le conteur sauva par la gaieté de son accent le vif de ces dernières paroles, qui causèrent comme un joli petit mouvement de pruderie offensée. Et, je dis, pruderie sans humeur, car la pruderie des femmes bien nées, qui n'affectent rien, est quelque chose de très gracieux. Le jour était si tombé, d'ailleurs, qu'on sentit plutôt ce mouvement qu'on ne le vit.

— Sur ma parole, c'était bien ce que vous dites, cette comtesse de Stasseville, — fit, en bégayant, selon son usage, le vieux vicomte de Rassy, bossu et bègue, et spirituel comme s'il avait été boiteux par-dessus le marché.

Qui ne connaît pas à Paris le vicomte de Rassy, ce *memorandum* encore vivant des petites corruptions du dix-huitième siècle? Beau de visage dans sa jeunesse comme le maréchal de Luxembourg, il avait, comme lui, son revers de médaille, mais le revers seul de la médaille lui était resté. Quant à l'effigie, où l'avait-il laissée?... Lorsque les jeunes gens de ce temps le surprenaient dans quelque anachronisme de conduite, il disait que, du moins, il ne souillait pas ses cheveux blancs, car il portait une perruque châtain à la Ninon, avec une raie de chair factice, et les plus incroyables et indescriptibles tire-bouchons !

— Ah ! vous l'avez connue ? — dit le narrateur interrompu. — Eh bien ! vous savez, vicomte, si je surfais d'un
mot la vérité.

— C'est calqué à la vitre, votre po...ortrait, — répondit le vicomte en se donnant un léger soufflet sur la joue, par impatience
de bégayer, et au risque de faire tomber les grains du rouge qu'on
dit qu'il met, comme il fait tout, sans nulle pudeur. — Je l'ai
connue à... à... peu près au temps de votre histoire. Elle venait à
Paris tous les hivers pour quelques jours. Je la rencontrais chez
la princesse de Cou...ourt...tenay, dont elle était un peu parente.
C'était de l'esprit servi dans sa glace, une femme froide à vous
faire tousser.

« Excepté ces quelques jours passés par hiver à Paris, — reprit
l'audacieux conteur, qui ne mettait même pas à ces personnages
le demi-masque d'Arlequin, · la vie de la comtesse du Tremblay
de Stasseville était réglée comme le papier de cette ennuyeuse
musique qu'on appelle l'existence d'une femme comme il faut, en
province. Elle était, six mois de l'année, au fond de son hôtel,
dans la ville que je vous ai *décrite au moral*, et elle troquait, pendant les autres six mois, ce fond d'hôtel pour un fond de château,
dans une belle terre qu'elle avait à quatre lieues de là. Tous les
deux ans, elle conduisait à Paris sa fille, — qu'elle laissait à une
vieille tante, Mlle de Triflevas, quand elle y allait seule, — au
commencement de l'hiver ; mais jamais de Spa, de Plombières,
de Pyrénées ! On ne la voyait point aux eaux. Etait-ce de peur des
médisants ? En province, quand une femme seule, dans la position
de Mme de Stasseville, va prendre les eaux si loin, que ne croit-on

pas ?... que ne soupçonne-t-on pas ? L'envie de ceux qui restent se venge, à sa façon, du plaisir de ceux qui voyagent. De singuliers airs viennent, comme de drôles de souffles, rider la pureté de ces eaux. Est-ce le fleuve Jaune, ou le fleuve Bleu sur lequel on expose les enfants, en Chine?... Les eaux, en France, ressemblent un peu à ce fleuve-là. Si ce n'est pas un enfant, on y expose toujours quelque chose aux yeux de ceux qui n'y vont pas. La moqueuse comtesse du Tremblay était bien fière pour sacrifier un seul de ses caprices à l'opinion ; mais elle n'avait point celui des eaux ; et son médecin l'aimait mieux auprès de lui qu'à deux cents lieues, car, à deux cents lieues, les chattemites visites à dix francs ne peuvent pas beaucoup se multiplier. C'était une question, d'ailleurs, que de savoir si la comtesse avait des caprices quelconques. L'esprit n'est pas l'imagination. Le sien était si net, si tranchant, si positif, même dans la plaisanterie, qu'il excluait tout naturellement l'idée de caprice. Quand il était gai (ce qui était rare), il sonnait si bien ce son vibrant de castagnettes d'ébène ou de tambour de basque, toute peau tendue et grelots de métal, qu'on ne pouvait pas s'imaginer qu'il y eût jamais dans cette tête sèche, en *dos*, non ! mais en *fil de couteau*, rien qui rappelât la fantaisie, rien qui pût être pris pour une de ces curiosités rêveuses, lesquelles engendrent le besoin de quitter sa place et de s'en aller où l'on était pas. Depuis dix ans qu'elle était riche et veuve, maîtresse d'elle-même par conséquent, et de bien des choses, elle aurait pu transporter sa vie immobile fort loin de ce trou à nobles où ses soirées se passaient à jouer le boston et le whist avec de vieilles filles qui avaient vu la Chouannerie, et de vieux chevaliers, héros inconnus, qui avaient délivré des Touches.

« Elle aurait pu, comme lord Byron, parcourir le monde avec une bibliothèque, une cuisine et une volière dans sa voiture, mais elle n'en avait pas eu la moindre envie. Elle était mieux qu'indolente ; elle était indifférente ; aussi indifférente que Marmor de Karkoël quand il jouait au whist. Seulement, Marmor n'était pas indifférent au whist même, et dans sa vie, à elle, il n'y avait point de whist : tout était égal ! C'était une nature stagnante, une espèce de *femme-dandy*, auraient dit les Anglais. Hors l'épigramme, elle n'existait qu'à l'état de larve élégante. « Elle est de la race des animaux à sang blanc », répétait son médecin dans le tuyau de l'oreille, croyant l'expliquer par une image, comme on expliquerait une maladie par un symptôme. Quoiqu'elle eût l'air malade, le médecin dépaysé niait la maladie. Était-ce haute discrétion ? ou bien réellement ne la voyait-il pas ? Jamais elle ne se plaignait ni de son corps ni de son âme. Elle n'avait pas même cette ombre presque physique de mélancolie, étendue d'ordinaire sur le front meurtri des femmes qui ont quarante ans. Ses jours se détachaient d'elle et ne s'en arrachaient pas. Elle les voyait tomber de ce regard d'Ondine, glauque et moqueur, dont elle regardait toutes choses. Elle semblait mentir à sa réputation de femme spirituelle, en ne nuançant sa conduite d'aucune de ces manières d'être personnelles, appelées des excentricités. Elle faisait naturellement, simplement, tout ce que faisaient les autres femmes dans sa société, et ni plus ni moins. Elle voulait prouver que l'égalité, cette chimère des vilains, n'existe vraiment qu'entre nobles. Là seulement sont les pairs, car la distinction de la naissance, les quatre générations de noblesse nécessaires pour être gentilhomme, sont un niveau. « Je ne suis que le premier gentilhomme de France », disait Henri IV, et par ce mot, il mettait les prétentions de chacun aux pieds de la distinction de tous. Comme les autres femmes de sa caste, qu'elle était trop aristocratique pour vouloir primer, la comtesse remplissait ses devoirs extérieurs de religion et de monde avec une exacte sobriété, qui est la convenance suprême dans ce monde où tous les enthousiasmes sont sévèrement défendus. Elle ne restait pas en deçà ni n'allait au delà de sa société. Avait-elle accepté en se domptant la vie monotone de cette ville de province où s'était tari ce qui lui restait de jeunesse, comme une eau dormante sous des nénuphars ? Ses motifs pour agir, motifs de raison, de conscience, d'instinct, de réflexion, de tempérament, de goût, tous ces flambeaux intérieurs qui jettent leur lumière sur nos actes, ne projetaient pas de lueurs sur les siens. Rien du dedans n'éclairait les dehors de cette femme. Rien du dehors ne se répercutait au dedans ! Fatigués d'avoir guetté si longtemps sans rien voir dans Mme de Stasseville, les gens de province, qui ont pourtant une patience de prisonnier ou de pêcheur à la ligne, quand ils veulent découvrir quelque chose, avaient fini par abandonner ce casse-tête, comme on jette derrière un coffre un manuscrit qu'il aurait été impossible de déchiffrer.

« — Nous sommes bien bêtes — avait dit un soir, dogmatiquement, la comtesse de Hautcardon, — et cela remontait à plusieurs années — de nous donner un tel *tintouin* pour savoir

ce qu'il y a dans le fond de l'âme de cette femme : probablement
il n'y a rien ! »

III

« Et cette opinion de la douairière de Hautcardon avait été
acceptée. Elle avait eu force de loi sur tous ces esprits dépités et
désappointés de l'inutilité de leurs observations, et qui ne cherchaient qu'une raison pour se rendormir. Cette opinion régnait
encore, mais à la manière des Rois fainéants, quand Marmor de
Karkoël, l'homme peut-être qui devait le moins se rencontrer
dans la vie de la comtesse du Tremblay de Stasseville, vint du
bout du monde s'asseoir à cette table verte où il manquait un
partner. Il était né, racontait son cornac Hartford, dans les mon-
tagnes de brume des îles Shetland. Il était du pays où se passe
la sublime histoire de Walter Scott, cette réalité du *Pirate* que
Marmor allait reprendre en sous-œuvre, avec des variantes, dans
une petite ville ignorée des côtes de la Manche. Il avait été élevé
aux bords de cette mer sillonnée par le vaisseau de Cleveland.
Tout jeune, il avait dansé les danses du jeune Mordaunt avec les
filles du vieux Troil. Il les avait retenues, et plus d'une fois il les
a dansées devant moi sur la feuille en chêne des parquets de cette
petite ville prosaïque, mais digne, qui juraient avec la poésie
sauvage et bizarre de ces danses hyperboréennes. A quinze ans,
on lui avait acheté une lieutenance dans un régiment anglais qui
allait aux Indes, et pendant douze ans il s'était battu contre les
Marattes. Voilà ce qu'on apprit bientôt de lui et de Hartford, et
aussi qu'il était gentilhomme, parent des fameux Douglas

d'Écosse *au cœur sanglant*. Mais ce fut tout. Pour le reste, on l'ignorait, et on devait l'ignorer toujours. Ses aventures aux Indes, dans ce pays grandiose et terrible où les hommes dilatés apprennent des manières de respirer auxquelles l'air de l'Occident ne suffit plus, il ne les raconta jamais. Elles étaient tracées en caractères mystérieux sur le couvercle de ce front d'or bruni, qui ne s'ouvrait pas plus que ces boîtes à poison asiatique, gardées, pour le jour de la défaite et des désastres, dans l'écrin des sultans indiens. Elles se révélaient par un éclair aigu de ces yeux noirs, qu'il savait éteindre quand on le regardait, comme on souffle un flambeau quand on ne veut pas être vu, et par l'autre éclair de ce geste avec lequel il fouettait ses cheveux sur sa tempe, dix fois de suite, pendant un *robber* de whist ou une partie d'écarté. Mais hors ces hiéroglyphes de geste et de physionomie que savent lire les observateurs, et qui n'ont, comme la langue des hiéroglyphes, qu'un fort petit nombre de mots, Marmor de Karkoël était indéchiffrable, autant, à sa manière, que la comtesse du Tremblay l'était à la sienne. C'était un Cleveland silencieux. Tous les jeunes nobles de la ville qu'il habitait, et il y en avait plusieurs de fort spirituels, curieux comme des femmes et entortillants comme des couleuvres, étaient démangés du désir de lui faire raconter les mémoires inédits de sa jeunesse, entre deux cigarettes de maryland. Mais ils avaient toujours échoué. Ce lion marin des îles Hébrides, roussi par le soleil de Lahore, ne se prenait pas à ces souricières de salon offertes aux appétits de la vanité, à ces pièges à paon où la fatuité française laisse toutes ses plumes, pour le plaisir de les étaler. La difficulté ne put jamais être lournée. Il était sobre comme un Turc qui croirait au Coran. Espèce de muet qui gardait bien le sérail de ses pensées! Je ne l'ai jamais vu boire que de l'eau et du café. Les cartes, qui semblaient sa passion, étaient-elles sa passion réelle ou une passion qu'il s'était donnée? car on se donne des passions comme des maladies. Etaient-elles une espèce d'écran qu'il semblait déplier pour cacher son âme? Je l'ai toujours cru, quand je l'ai vu jouer comme il jouait. Il enveloppa, creusa, invétéra cette passion du jeu dans l'âme joueuse de cette petite ville, au point que, quand il fut parti, un spleen affreux, le spleen des passions trompées, tomba sur elle comme un sirocco maudit et la fit ressembler davantage à une ville anglaise. Chez lui, la table de whist était ouverte dès le matin. La journée, quand il n'était pas à la Vanillière ou dans quelque château des environs, avait la simplicité de celle des hommes qui sont brûlés par l'idée fixe. Il se levait à neuf heures, prenait son thé avec quelque ami venu pour le whist, qui commençait alors et ne finissait qu'à cinq heures de l'après-midi. Comme il y avait beaucoup de monde à ces réunions, on se relayait à chaque *robber*, et ceux qui ne jouaient point pariaient. Du reste, il n'y avait pas que des jeunes gens à ces espèces de matinées, mais les hommes les plus graves de la ville. Des *pères de famille*, comme disaient les femmes de trente ans, osaient passer leurs journées dans ce tripot, et elles beurraient, en toute occasion, d'intentions perfides, mille tartelettes au verjus sur le compte de cet Ecossais, comme s'il avait inoculé la peste à toute la contrée dans la personne de leurs maris. Elles étaient pourtant bien accoutumées à les voir jouer, mais non dans

ces proportions d'obstination et de furie. Vers cinq heures, on se
séparait, pour se retrouver le soir dans le monde et s'y confor-
mer, en apparence, au jeu officiel et commandé par l'usage des
maîtresses de maison chez lesquelles on allait, mais, sous main
et en réalité, pour jouer le jeu convenu le matin même, *au whist
de Karkoël*. Je vous laisse à penser à quel degré de force ces
hommes, qui ne faisaient plus qu'une chose, atteignirent. Ils
élevèrent ce whist jusqu'à la hauteur de la plus difficile et de la
plus magnifique escrime. Il y eut sans doute des pertes fort con-
sidérables; mais ce qui empêcha les catastrophes et les ruines
que le jeu traîne toujours après soi, ce furent précisément sa
fureur et la supériorité de ceux qui jouaient. Toutes ces forces
finissaient par s'équilibrer entre elles; et puis, dans un rayon si
étroit, on était trop souvent partner les uns des autres pour ne
pas, au bout d'un certain temps, comme on dit en termes de jeu,
se rattraper.

« L'influence de Marmor de Karkoël, contre laquelle regim-
bèrent en dessous les femmes raisonnables, ne diminua point,
mais augmenta au contraire. On le conçoit. Elle venait moins de
Marmor et d'une manière d'être entièrement personnelle, que
d'une passion qu'il avait trouvée là, vivante, et que sa présence,
à lui qui la partageait, avait exaltée. Le meilleur moyen, le seul
peut-être de gouverner les hommes, c'est de les tenir par leurs
passions. Comment ce Karkoël n'eût-il pas été puissant? Il avait
ce qui fait la force des gouvernements, et, de plus, il ne songeait
pas à gouverner. Aussi arriva-t-il à cette domination qui ressemble à un ensorcellement. On se l'arrachait. Tout le temps qu'il

resta dans cette ville, il fut toujours reçu avec le même accueil, et cet accueil était une fiévreuse recherche. Les femmes, qui le redoutaient, aimaient mieux le voir chez elles que de savoir leurs fils ou leurs maris chez lui, et elles le recevaient comme les femmes reçoivent, même sans l'aimer, un homme qui est le centre d'une attention, d'une préoccupation, d'un mouvement quelconque. L'été, il allait passer quinze jours, un mois à la campagne. Le marquis de Saint-Albans l'avait pris sous son admiration spéciale, — protection ne dirait pas assez. A la campagne, comme à la ville, c'étaient des whists éternels. Je me rappelle avoir assisté (j'étais un écolier en vacances alors) à une superbe partie de pêche au saumon, dans les eaux brillantes de la Douve, pendant tout le temps de laquelle Marmor de Karkoël joua, en canot, au whist à *deux morts* (*double dummy*), avec un gentilhomme du pays. Il fût tombé dans la rivière qu'il eût joué encore !... Seule, une femme de cette société ne recevait pas l'Écossais à la campagne, et à peine à la ville. C'était la comtesse du Tremblay.

« Qui pouvait s'en étonner ? Personne. Elle était veuve et elle avait une fille charmante. En province, dans cette société envieuse et alignée où chacun plonge dans la vie de tous, on ne saurait prendre trop de précautions contre des inductions faciles à faire de ce qu'on voit à ce qu'on ne voit pas. La comtesse du Tremblay les prenait en n'invitant jamais Marmor à son château de Stasseville, et en ne le recevant à la ville que fort publiquement et les jours qu'elle recevait toutes ses connaissances. Sa politesse était pour lui froide, impersonnelle. C'était une conséquence de ces bonnes manières qu'on doit avoir avec tous, non pour eux, mais pour soi. Lui, de son côté, répondait par une politesse du même genre; et cela était si peu affecté, si naturel dans tous les deux, qu'on a pu y être pris pendant quatre ans. Je l'ai déjà dit : hors le jeu, Karkoël ne semblait pas exister. Il parlait peu. S'il avait quelque chose à cacher, il le couvrait très bien de ses habitudes de silence. Mais la comtesse avait, elle, si vous vous le rappelez, l'esprit très extérieur et très mordant. Pour ces sortes d'esprits, toujours en dehors, brillants, agressifs, se retenir, se voiler est chose difficile. Se voiler, n'est-ce pas même une manière de se trahir? Seulement, si elle avait les écailles fascinantes et la triple langue du serpent, elle en avait aussi la prudence. Rien donc n'altéra l'éclat et l'emploi féroces de sa plaisanterie habituelle. Souvent, quand on parlait de Karkoël devant elle, elle lui décochait de ces mots qui sifflent et qui percent, et que Mlle de Beaumont, sa rivale d'épigrammes, lui enviait. Si ce fut là un mensonge de plus, jamais mensonge ne fut mieux osé. Tenait-elle cette effrayante faculté de dissimuler de son organisation sèche et contractile? Mais pourquoi s'en servait-elle, elle, l'indépendance en personne par sa position et la fierté moqueuse du caractère? Pourquoi, si elle aimait Karkoël et si elle en était aimée, le cachait-elle sous les ridicules qu'elle lui jetait de temps à autre, sous ces plaisanteries apostates, renégates, impies, qui dégradent l'idole adorée... les plus grands sacrilèges en amour?

« Mon Dieu! qui sait? il y avait peut-être en tout cela du bonheur pour elle... — Si l'on jetait, docteur, — fit le narrateur, en se tournant vers le docteur Beylasset, qui était accoudé sur un meuble de Boule, et dont le beau crâne chauve renvoyait la lumière d'un candélabre que les domestiques venaient, en cet instant, d'allumer au-dessus de sa tête, — si l'on jetait sur la comtesse de Stasseville un de ces bons regards *physiologistes*, — comme vous en avez, vous autres médecins, et que les moralistes devraient vous emprunter, — il était évident que tout, dans les impressions de cette femme, devait *rentrer, porter en dedans*, comme cette ligne *hortensia passé* qui formait ses lèvres, tant elle les rétractait; comme ces ailes du nez, qui se creusaient au lieu de s'épanouir, immobiles et non pas frémissantes; comme ces yeux qui, à certains moments se renfonçaient sous leurs arcades sourcilières et semblaient remonter vers le cerveau. Malgré son apparente délicatesse et une souffrance physique dont on suivait l'influence visible dans tout son être, comme on suit les rayonnements d'une fêlure dans une substance trop sèche, elle était le plus frappant diagnostic de la volonté, de cette pile de Volta intérieure à laquelle aboutissent nos nerfs. Tout l'attestait, en elle, plus qu'en aucun être vivant que j'aie jamais contemplé. Cet influx de la volonté sommeillante circulait — qu'on me passe le mot, car il est bien pédant! — *puissanciellement* jusque dans ses mains, aristocratiques et princières pour la blancheur mate, l'opale irisée des ongles et l'élégance, mais qui, pour la maigreur, le gonflement et l'implication des mille torsades bleuâtres des veines, et surtout pour le mouvement d'appréhension avec lequel elles saisissaient les objets, ressemblaient à des griffes fabuleuses, comme l'étonnante poésie des Anciens en attribuait à

certains monstres au visage et au sein de femme. Quand, après
avoir lancé une de ces plaisanteries, un de ces traits étincelants
et fins comme les arètes empoisonnées dont se servent les sau-
vages, elle passait le bout de sa langue vipérine sur ses lèvres
sibilantes, on sentait que dans une grande occasion, dans le
dernier moment de la destinée, par exemple, cette femme frêle
et forte tout ensemble était capable de deviner le procédé des
nègres et de pousser la résolution jusqu'à avaler cette langue si
souple, pour mourir. A la voir, on ne pouvait douter qu'elle ne
fût, en femme, une de ces organisations comme il y en a dans
tous les règnes de la nature, qui, de préférence ou d'instinct,
recherchent le fond au lieu de la surface des choses; un de ces
êtres destinés à des cohabitations occultes, qui plongent dans la
vie comme les grands nageurs plongent et nagent sous l'eau,
comme les mineurs respirent sous la terre, passionnés pour le
mystère, en raison même de leur profondeur, le créant autour
d'elles et l'aimant jusqu'au mensonge, car le mensonge, c'est du
mystère redoublé, des voiles épaissis, des ténèbres faites à tout
prix! Peut-être ces sortes d'organisations aiment-elles le mensonge pour le mensonge, comme on aime l'art pour l'art, comme
les Polonais aiment les batailles. — (Le docteur inclina gravement la tête en signe d'adhésion.) — Vous le pensez, n'est-ce
pas? et moi aussi! Je suis convaincu que, pour certaines âmes,
il y a le bonheur de l'imposture. Il y a une effroyable, mais
enivrante félicité dans l'idée qu'on ment et qu'on trompe; dans
la pensée qu'on *se* sait *seul soi-même*, et qu'on joue à la
société une comédie dont elle est la dupe, et dont on se rem-

bourse les frais de mise en scène par toutes les voluptés du mépris. »

— Mais c'est affreux, ce que vous dites là ! — interrompit tout à coup la baronne de Mascranny, avec le cri de la loyauté révoltée.

Toutes les femmes qui écoutaient (et il y en avait peut-être quelques-unes connaisseuses en plaisirs cachés) avaient éprouvé comme un frémissement aux dernières paroles du conteur. J'en jugeai au dos nu de la comtesse de Damnaglia, alors si près de moi. Cet espèce de frémissement nerveux, tout le monde le connaît et l'a ressenti. On l'appelle quelquefois avec poésie *la mort qui passe*. Etait-ce alors la vérité qui passait?...

« Oui, — répondit le narrateur, — c'est affreux; mais est-ce vrai? Les natures *au cœur sur la main* ne se font pas l'idée des jouissances solitaires de l'hypocrisie, de ceux qui vivent et peuvent respirer, la tête lacée dans un masque. Mais quand on y pense, ne comprend-on pas que leurs sensations aient réellement la profondeur enflammée de l'enfer? Or, l'enfer, c'est le ciel en creux. Le mot *diabolique* ou *divin*, appliqué à l'intensité des jouissances exprime la même chose, c'est-à-dire des sensations qui vont jusqu'au surnaturel, Mme de Stasseville était-elle de cette race d'âmes?... Je ne l'accuse ni ne la justifie. Je raconte comme je peux son histoire, que personne n'a bien sue, et je cherche à l'éclaircir par une étude à la Cuvier sur sa personne. Voilà tout.

« Du reste, cette analyse que je fais maintenant de la comtesse du Tremblay, sur le souvenir de son image, empreinte dans

ma mémoire comme un cachet d'onyx fouillé par un burin
profond sur de la cire, je ne la faisais point alors. Si j'ai compris
cette femme, ce n'a été que bien plus tard... La toute-puissante
volonté, qu'*à la réflexion* j'ai reconnue en elle, depuis que l'expérience m'a appris à quel point est le corps et la moulure de l'âme,
n'avait pas plus soulevé et tendu cette existence, encaissée dans
les tranquilles habitudes, que la vague ne gonfle et ne trouble un
lac de mer, fortement encaissé dans ses bords. Sans l'arrivée du
Karkoël, de cet officier d'infanterie anglaise que des compa-
triotes avaient engagé à aller *manger sa demi-solde* dans une ville
normande, digne d'être anglaise, la débile et pâle moqueuse
qu'on appelait en riant *Madame de Givre*, n'aurait jamais su
elle-même quel impérieux vouloir elle portait dans son sein de
neige fondue, comme disait Mlle Ernestine de Beaumont, mais
sur lequel, au *moral*, tout avait glissé comme sur le plus dur
mamelon des glaces polaires. Quand il arriva, qu'éprouva-t-elle?
Apprit-elle tout à coup que, pour une nature comme la sienne,
sentir fortement, c'est vouloir? Entraîna-t-elle par la volonté un
homme qui ne semblait plus devoir aimer que le jeu?... Comment s'y prit-elle pour réaliser une intimité dont il est difficile,
en province, d'esquiver les dangers?... Tous mystères, restés tels
à jamais, mais qui soupçonnés plus tard, n'avaient encore été
pressentis par personne à la fin de l'année 182... Et cependant,
à cette époque, dans un des hôtels les plus paisibles de cette
ville, où le jeu était la plus grande affaire de chaque journée et
presque de chaque nuit; sous les persiennes silencieuses et les
rideaux de mousseline brodée, voiles purs, élégants, et à moitié

relevés d'une vie calme, il devait y avoir depuis longtemps un
roman qu'on aurait jugé impossible. Oui, le roman était à cette
vie correcte, irréprochable, réglée, moqueuse, froide jusqu'à la
maladie, où l'esprit semblait tout et l'âme rien. Il y était, et la
rongeait sous les apparences et la renommée, comme les vers qui
seraient au cadavre d'un homme avant qu'il ne fût expiré.»

— Quelle abominable comparaison! — fit encore observer
la baronne de Mascranny. — Ma pauvre Sibylle avait presque
raison de ne pas vouloir de votre histoire. Décidément, vous avez
un vilain genre d'imaginations, ce soir.

— Voulez-vous que je m'arrête? — répondit le conteur, avec
une sournoise courtoisie et la petite rouerie d'un homme sûr de
l'intérêt qu'il a fait naître.

— Par exemple! — reprit la baronne; — est-ce que nous
pouvons rester, maintenant, l'attention en l'air, avec une moitié
d'histoire?

— Ce serait aussi par trop fatigant! dit en défrisant une de
ses longues anglaises d'un beau noir bleu, Mlle Laure d'Alzanne,
la plus languissante image de la paresse heureuse, avec le gracieux effroi de sa nonchalance menacée.

— Et désappointant, en plus! — ajouta gaiement le docteur. — Ne serait-ce pas comme si un coiffeur, après vous avoir
rasé un côté du visage, fermait tranquillement son rasoir et
vous signifiait qu'il lui est impossible d'aller plus loin?...

« Je reprends donc, — reprit le conteur, avec la simplicité
de l'art suprême qui consiste surtout à se bien cacher... — En
182..., j'étais dans le salon d'un de mes oncles, maire de cette

petite ville que je vous ai décrite comme la plus antipathique aux passions et à l'aventure; et quoique ce fût un jour solennel, la fête du Roi, une Saint-Louis, toujours grandement fêtée par ces ultras de l'émigration, par ces quiétistes politiques qui avaient inventé le mot mystique de l'amour pur : *Vive le roi quand même !* on ne faisait, dans ce salon, rien de plus que ce qu'on y faisait tous les jours. On y jouait. Je vous demande bien pardon de vous parler de moi, c'est d'assez mauvais goût, mais il le faut. J'étais un adolescent encore. Cependant, grâce à une éducation exceptionnelle, je soupçonnais plus des passions et du monde qu'on n'en soupçonne d'ordinaire à l'âge que j'avais. Je ressemblais moins à un de ces collégiens pleins de gaucherie, qui n'ont rien vu que dans leurs livres de classe, qu'à une de ces jeunes filles curieuses, qui s'instruisent en écoutant aux portes et en rêvant beaucoup sur ce qu'elles y ont entendu. Toute la ville se pressait, ce soir-là, dans le salon de mon oncle, et comme toujours, — car il n'y avait que des choses éternelles dans ce monde de momies qui ne secouaient leurs bandelettes que pour agiter des cartes, — cette société se divisait en deux parties, la partie qui jouait, et les jeunes filles qui ne jouaient pas. Momies aussi que ces jeunes filles, qui devaient se ranger, les unes auprès des autres dans les catacombes du célibat, mais dont les visages, éclatants d'une vie inutile et d'une fraîcheur qui ne serait pas respirée, enchantaient mes avides regards. Parmi elles, il n'y avait peut-être que Mlle Herminie de Stasseville à qui la fortune eût permis de croire à ce miracle d'un mariage d'amour, sans déroger. Je n'étais pas assez âgé, ou je l'étais trop, pour me mêler

à cet essaim de jeunes personnes, dont les chuchotements
s'entrecoupaient de temps à autre d'un rire bien franc ou
doucement contenu. En proie à ces brûlantes timidités qui sont
en même temps des voluptés et des supplices, je m'étais réfugié
et assis auprès du dieu du *chelem*, ce Marmor de Karkoël, pour
lequel je m'étais pris de belle passion. Il ne pouvait y avoir entre
lui et moi d'amitié. Mais les sentiments ont leur hiérarchie
secrète. Il n'est pas rare de voir, dans les êtres qui ne sont pas
développés, de ces sympathies que rien de positif, de démontré,
n'explique, et qui font comprendre que les jeunes gens ont besoin
de chefs comme les peuples qui, malgré leur âge, sont toujours
un peu des enfants. Mon chef, à moi, eut été Karkoël. Il venait
souvent chez mon père, grand joueur comme tous les hommes
de cette société. Il s'était souvent mêlé à nos récréations gym-
nastiques, à mes frères et à moi, et il avait déployé devant nous
une vigueur et une souplesse qui tenaient du prodige. Comme le
duc d'Enghien, il sautait en se jouant une rivière de dix-sept
pieds. Cela seul, sans doute, devait exercer sur la tête de jeunes
gens comme nous, élevés pour devenir des hommes de guerre,
un grand attrait de séduction; mais là n'était pas le secret pour
moi de l'aimant de Karkoël. Il fallait qu'il agît sur mon imagination avec la puissance des êtres exceptionnels sur les êtres
exceptionnels, car la vulgarité préserve des influences supé-
rieures, comme un sac de laine préserve des coups de canon.
Je ne saurais dire quel rêve j'attachais à ce front, qu'on eût
cru sculpté dans cette substance que les peintres d'aquarelle
appellent *terre de Sienne*; à ces yeux sinistres, aux paupières

courtes ; à toutes ces marques que des passions inconnues
avaient laissées sur la personne de l'Ecossais, comme les quatre
coups de barre du bourreau aux articulations d'un roué ; et
surtout à ces mains d'un homme, du plus amolli des civilisés,
chez qui le sauvage finissait au poignet, et qui savaient impri-
mer aux cartes cette vélocité de rotation qui ressemblait au
tournoiement de la flamme, et qui avait tant frappé Herminie de
Stasseville, la première fois qu'elle l'avait vu. Or, ce soir-là,
dans l'angle où se dressait la table de jeu, la persienne était à
moitié fermée. La partie était sombre comme l'espèce de demi-
jour qui l'éclairait. C'était le whist des forts. Le Mathusalem des
marquis, M. de Saint-Albans, était le partner de Marmor. La
comtesse du Tremblay avait pris pour le sien le chevalier de
Tharsis, officier au régiment de Provence avant la Révolution et
chevalier de Saint-Louis, un de ces vieillards comme il n'y en a
plus debout maintenant, un de ces hommes qui furent à cheval
sur deux siècles, sans être pour cela des colosses. A un certain
moment de la partie, et par le fait d'un mouvement de Mme du
Tremblay de Stasseville pour relever ses cartes, une des pointes
du diamant qui brillait à son doigt rencontra, dans cette ombre
projetée par la persienne sur la table verte, qu'elle rendait plus
verte encore, un de ces chocs de rayon, intersectés par la pierre,
comme il est impossible à l'art humain d'en combiner, et il en
jaillit un dard de feu blanc tellement électrique, qu'il fit presque
mal aux yeux comme un éclair.

« — Eh ! eh ! qu'est-ce qui brille ? — dit, d'une voix flûtée, le
chevalier de Tharsis, qui avait la voix de ses jambes.

« — Et qui est-ce qui tousse? — dit simultanément le marquis de Saint-Albans, tiré par une toux horriblement mate de sa préoccupation de joueur, en se retournant vers Herminie, qui brodait une collerette à sa mère.

« — C'est mon diamant et c'est ma fille, — fit la comtesse du Tremblay avec un sourire de ses lèvres minces, en répondant à tous les deux.

« — Mon Dieu! comme il est beau, votre diamant, madame! — reprit le chevalier. — Jamais je ne l'avais vu étinceler comme ce soir; il forcerait les plus myopes à le remarquer.

« On était arrivé, en disant cela, à la fin de la partie et le chevalier de Tharsis prit la main de la comtesse :

« — Voulez-vous permettre?... — ajouta-t-il.

« La comtesse ôta languissamment sa bague, et la jeta au chevalier sur la table de jeu.

« Le vieil émigré l'examina en la tournant devant son œil comme un kaléidoscope. Mais la lumière a ses hasards et ses caprices. En roulant sur les facettes de la pierre, elle n'en détacha pas un second jet de lumière nuancée, semblable à celui qui venait si rapidement d'en jaillir.

« Herminie se leva et poussa la persienne, afin que le jour tombât mieux sur la bague de sa mère et qu'on en pût mieux apprécier la beauté.

« Et elle se rassit, le coude à la table, regardant aussi la pierre prismatique; mais la toux revint, une toux sifflante, qui lui rougit et lui injecta la nacre de ses beaux yeux, d'un humide radical si pur.

« — Et où avez-vous pris cette affreuse toux, ma chère enfant?
— dit le marquis de Saint-Albans, plus occupé de la jeune fille
que de la bague, du diamant humain que du diamant minéral.

« — Je ne sais, monsieur le marquis, — fit-elle, avec la
légèreté d'une jeunesse qui croyait à l'éternité de la vie. —
Peut-être à me promener le soir, au bord de l'étang de Stasseville.

» Je fus frappé alors du groupe qu'ils formaient à eux quatre.

» La lumière rouge du couchant immergeait par la fenêtre
ouverte. Le chevalier de Tharsis regardait le diamant; M. de
Saint-Albans, Herminie; Mme du Tremblay, Karkoël, qui regardait d'un œil distrait sa dame de carreau. Mais ce qui me frappa
surtout, ce fut Herminie. La *Rose de Stasseville* était pâle, plus
pâle que sa mère. Le pourpre du jour mourant, qui versait son
transparent reflet sur ses joues pâles, lui donnait l'air d'une tête
de victime, réfléchie dans un miroir qu'on aurait dit étamé avec
du sang.

» Tout à coup, j'eus froid dans les nerfs, et par je ne sais
quelle évocation foudroyante et involontaire, un souvenir me
saisit avec l'invincible brutalité de ces idées qui fécondent mons-
trueusement la pensée révoltée, en la violant.

» Il y avait quinze jours, à peu près, qu'un matin j'étais allé
chez Marmor de Karkoël. Je l'avais trouvé seul. Il était de bonne
heure. Nul des joueurs qui, d'ordinaire, jouaient le matin chez
lui, n'était arrivé. Il était, quand j'entrai, debout devant son
secrétaire, et il semblait occupé d'une opération fort délicate qui
exigeait une extrême attention et une grande sûreté de main. Je
ne le voyais pas; sa tête était penchée. Il tenait entre les doigts

de sa main droite un petit flacon d'une substance noire et bril-
lante, qui ressemblait à l'extrémité d'un poignard cassé, et, de ce
flacon microscopique, il épanchait je ne sais quel liquide dans
une bague ouverte.

« — Que diable faites-vous là? — lui dis-je en m'avançant.
Mais il me cria avec une voix impérieuse : « N'approchez pas!
restez où vous êtes ; vous me feriez trembler la main, et ce que je
fais est plus difficile et plus dangereux que de casser à quarante
pas un tire-bouchon avec un pistolet qui pourrait crever. »

« C'était une allusion à ce qui nous était arrivé, il y avait
quelque temps. Nous nous amusions à tirer avec les plus mauvais
pistolets qu'il nous fût possible de trouver, afin que l'habileté de
l'homme se montrât mieux dans la faiblesse de l'instrument, et
nous avions failli nous ouvrir le crâne avec le canon d'un pistolet
qui creva.

« Il put insinuer les gouttes du liquide inconnu qu'il laissait
tomber du bec effilé de son flacon. Quand ce fut fait, il ferma la
bague et la jeta dans un des tiroirs de son secrétaire, comme s'il
avait voulu la cacher.

« Je m'aperçus qu'il avait un masque de verre.

« — Depuis quand, — lui dis-je, en plaisantant, — vous
occupez-vous de chimie? et sont-ce des ressources contre les
pertes au whist que vous composez?

« — Je ne compose rien, — me répondit-il, — mais ce qui
est *là-dedans* (et il montrait le flacon noir) est une ressource
contre tout. C'est, — ajouta-t-il avec la sombre gaieté du pays
des suicides d'où il était, — le jeu de cartes biseautées avec

lequel on est sûr de gagner la dernière partie contre le Destin.

« — Quel espèce de poison? — lui demandai-je, en prenant le flacon dont la forme bizarre m'attirait.

« — C'est le plus admirable des poisons indiens, — me répondit-il en ôtant son masque. — Le respirer peut être mortel, et, de quelque manière qu'on l'absorbe, s'il ne tue pas immédiatement, vous ne perdez rien pour attendre ; son effet est aussi sûr qu'il est caché. Il attaque lentement, presque languissamment, mais infailliblement, la vie dans ses sources, en les pénétrant et en développant au fond des organes sur lesquels il se jette, de ces maladies connues de tous et dont les symptômes, familiers à la science, dépayseraient le soupçon et répondraient à l'accusation d'empoisonnement, si une telle accusation pouvait exister. On dit, aux Indes, que des fakirs mendiants le composent avec des substances extrêmement rares, qu'eux seuls connaissent et qu'on ne trouve que sur les plateaux du Thibet. Il dissout les liens de la vie plus qu'il ne les rompt. En cela, il convient davantage à ces natures d'Indiens, apathiques et molles, qui aiment la mort comme un sommeil et s'y laissent tomber comme sur un lit de lotos. Il est fort difficile, du reste, presque impossible de s'en procurer. Si vous saviez ce que j'ai risqué, pour obtenir ce flacon d'une femme qui disait m'aimer!... J'ai un ami, comme moi officier dans l'armée anglaise, et revenu comme moi des Indes où il a passé sept ans. Il a cherché ce poison avec le désir furieux d'une fantaisie anglaise, — et plus tard, quand vous aurez vécu davantage, vous comprendrez ce que c'est. Eh bien! il n'a jamais pu en trouver. Il a acheté, au prix de l'or, d'indignes contrefaçons. De désespoir, il m'a écrit d'Angleterre, et il m'a envoyé une de ses bagues, en me suppliant d'y verser quelques gouttes de ce nectar de la mort. Voilà ce que je faisais quand vous êtes entré.

« Ce qu'il me disait ne m'étonnait pas. Les hommes sont ainsi faits, que, sans aucun mauvais dessein, sans pensée sinistre, ils aiment à avoir du poison chez eux, comme ils aiment à avoir des armes. Ils thésaurisent les moyens d'extermination autour d'eux, comme les avares thésaurisent les richesses. Les uns disent : Si je voulais détruire ! comme les autres : Si je voulais jouir ! C'est le même idéalisme enfantin. Enfant, moi-même, à cette époque, je trouvai tout simple que Marmor de Karkoël, revenu des Indes, possédât cette curiosité d'un poison comme il n'en existe pas ailleurs, et, parmi ses kandjars et ses flèches, apportés au fond de sa malle d'officier, ce flacon de pierre noire, cette jolie babiole de destruction qu'il me montrait. Quand j'eus bien tourné et retourné ce bijou, poli comme une agate, qu'une Almée peut-être avait porté entre les deux globes de topaze de sa poitrine, et dans la substance poreuse duquel elle avait imprégné sa sueur d'or, je le jetai dans une coupe posée sur la cheminée, et je n'y pensai plus.

« Eh bien ! le croiriez-vous ? c'était le souvenir de ce flacon qui me revenait !... La figure souffrante d'Herminie, sa pâleur, cette toux qui semblait sortir d'un poumon spongieux, ramolli, où déjà peut-être s'envenimaient ces lésions profondes que la médecine appelle, — n'est-ce pas, docteur ? — dans un langage plein d'épouvantements pittoresques, *des cavernes* ; cette bague qui, par une coïncidence inexplicable, brillait tout à coup d'un

éclat si étrange au moment où la jeune fille toussait, comme si le scintillement de la pierre homicide eût été la palpitation de joie du meurtrier; les circonstances d'une matinée qui était effacée de ma mémoire, mais qui y reparaissaient tout à coup : voilà ce qui m'afflua, comme un flot de pensées, au cerveau! De lien pour rattacher les circonstances passées à l'heure présente, je n'en avais pas. Le rapprochement involontaire qui se faisait dans ma tête était insensé. J'avais horreur de ma propre pensée. Aussi m'efforçai-je d'étouffer, d'éteindre en moi cette fausse lueur, ce flamboiement qui s'était allumé, et qui avait passé dans mon âme comme l'éclair de ce diamant qui était passé sur cette table verte !... Pour appuyer ma volonté et broyer sous elle la folle et criminelle croyance d'un instant, je regardai attentivement Marmor de Karkoël et la comtesse du Tremblay.

« Ils répondaient très bien l'un et l'autre par leur attitude et leur visage, que ce que j'avais osé penser était impossible ! Marmor était toujours Marmor. Il continuait de regarder sa dame de carreau comme si elle eût représenté l'amour dernier, définitif, de toute sa vie. Mme du Tremblay, de son côté, avait sur le front, dans les lèvres et dans le regard, le calme qui ne la quittait jamais, même quand elle ajustait l'épigramme, car sa plaisanterie ressemblait à une balle, la seule arme qui tue sans se passionner, tandis que l'épée, au contraire, partage la passion de la main. Elle et lui, lui et elle, étaient deux abîmes placés en face l'un de l'autre ; seulement, l'un, Karkoël, était noir et ténébreux comme la nuit, et l'autre, cette femme, était pâle, claire et inscrutable comme l'espace. Elle tenait toujours sur son partner des yeux indifférents et qui brillaient d'une impassible lumière. Seulement, comme le chevalier de Tharsis *n'en finissait pas* d'examiner la bague qui renfermait le mystère que j'aurais voulu pénétrer, elle avait pris à sa ceinture un gros bouquet de résédas, et elle se mit à le respirer avec une sensualité qu'on n'eût, certes, pas attendue d'une femme comme elle, si peu faite pour les rêveuses voluptés. Ses yeux se fermèrent après avoir tourné dans je ne sais quelle pâmoison indicible, et, d'une passion avide, elle saisit avec ses lèvres effilées et incolores plusieurs tiges de fleurs odorantes, et elle les broya sous ses dents, avec une expression idolâtre et sauvage, les yeux rouverts sur Karkoël. Etait-ce un signe, une entente quelconque, une complicité, comme en ont les amants entre eux, que ces fleurs mâchées et dévorées en silence?... Franchement, je le crus. Elle remit tranquillement la bague à son doigt, quand le chevalier l'eut assez admirée, et le whist continua, renfermé, muet et sombre, comme si rien ne l'avait interrompu. »

Ici, encore, le conteur s'arrêta. Il n'avait plus besoin de se presser. Il nous tenait tous sous la griffe de son récit. Peut-être tout le mérite de son histoire était-il dans sa manière de la raconter... Quand il se tut, on entendit, dans le silence du salon, aller et venir les respirations. Moi, qui allongeais mes regards par-dessus mon rempart d'albâtre, l'épaule de la comtesse de Damnaglia, je vis l'émotion marbrer de ses nuances diverses tous ces visages. Involontairement, je cherchais celui de la jeune Sibylle, de la sauvage enfant qui s'était cabrée aux premiers mots de cette histoire. J'eusse aimé à voir passer les éclairs de la transe dans ces yeux noirs qui font penser au ténébreux et sinistre canal Orfano, à Venise, car il s'y noiera plus d'un cœur. Mais elle n'était plus sur le canapé de sa mère. Inquiète de ce qui allait suivre, la sollicitude de la baronne avait sans doute fait à sa fille quelque signe de furtive départie, et elle avait disparu.

« En fin de compte, — reprit le narrateur, — qu'y avait-il dans tout cela qui fût de nature à m'émouvoir si fort et à se graver dans ma mémoire comme une eau-forte, car le temps n'a pas effacé un seul des linéaments de cette scène? Je vois encore la figure de Marmor, l'expression du calme cristallisé de la comtesse, se fondant pour une minute dans la sensation de ces résédas respirés et triturés avec un frissonnement presque voluptueux. Tout cela m'est resté, et vous allez comprendre pourquoi. Ces faits dont je ne voyais pas très bien la relation entre eux, ces faits mal éclairés d'une intuition que je me reprochais, dans l'écheveau entortillé desquels le possible et l'incompréhensible

apparaissaient, reçurent plus tard une goutte de lumière qui en
débrouilla pour jamais en moi le chaos.

« Je vous ai dit, je crois, que j'avais été mis fort tard au
collège. Les deux dernières années de mon éducation s'y écou-
lèrent sans que je revinsse dans mon pays. Ce fut donc au collège que j'appris, par les lettres de ma famille, la mort de
Mlle Herminie de Stasseville, victime d'une maladie de langueur
dont personne ne s'était douté qu'à la dernière extrémité, et
quand la maladie avait été incurable. Cette nouvelle, qu'on me
transmettait sans aucun commentaire, me glaça le sang du
même froid que j'avais senti lorsque, dans le salon de mon
oncle, j'avais entendu pour la première fois cette toux qui sonnait la mort, et qui avait dressé en moi tout à coup de si épouvantables inductions. Ceux qui ont l'expérience des choses de
l'âme me comprendront, quand je dirai que je n'osai pas faire
une seule question sur cette perte soudaine d'une jeune fille,
enlevée à l'affection de sa mère et aux plus belles espérances de
la vie. J'y pensai d'une manière trop tragique que pour en parler à qui que ce fût. Revenu chez mes parents, je trouvai la ville
de *** bien changée ; car en plusieurs années, les villes changent
comme les femmes : on ne les reconnaîtrait plus. C'était après
1830. Depuis le passage de Charles X, qui l'avait traversée pour
aller s'embarquer à Cherbourg, la plupart des familles nobles
que j'avais connues pendant mon enfance vivaient retirées dans
les châteaux circonvoisins. Les événements politiques avaient
frappé d'autant plus ces familles, qu'elles avaient cru à la vic-
toire de leur parti et qu'elles étaient retombées d'une espérance.

En effet, elles avaient vu le moment où le droit d'aînesse, relevé par le seul homme d'État qu'ait eu la Restauration, allait rétablir la société française sur, la seule base de sa grandeur et de sa force ; puis tout à coup, cette idée, doublement juste de justesse et de justice, qui avait brillé aux regards de ces hommes, dupes sublimes de leur dévoûment monarchique, comme un dédommagement à leurs souffrances et à leur ruine, comme un dernier lambeau de vair et d'hermine qui doublât leur cercueil et rendît moins dur leur dernier sommeil, périr sous le coup d'une opinion publique qu'on n'avait su ni éclairer ni discipliner. La petite ville dont il a été si souvent question dans ce récit, n'était plus qu'un désert de persiennes fermées et de portes cochères qui ne s'ouvraient plus. La révolution de Juillet avait effrayé les Anglais, et ils étaient partis d'une ville dont les mœurs et les habitudes avaient reçu des événements une si forte rupture. Mon premier soin avait été de demander ce qu'était devenu M. Marmor de Karkoël. On me répondit qu'il était retourné aux Indes sur un ordre de son gouvernement. La personne qui me dit cela était précisément cet éternel chevalier de Tharsis, l'un des quatre de la fameuse *partie du diamant* (fameuse, du moins elle l'était pour moi), et son œil, en me renseignant, se fixa sur les miens avec l'expression d'un homme qui veut être interrogé, Aussi, presque involontairement, car les âmes se devinent bien avant que la volonté n'ait agi :

« Et Mme du Tremblay de Stasseville ?... lui dis-je.

— Vous saviez donc quelque chose ?... — me répondit-il assez mystérieusement, comme si nous avions eu cent paires d'oreilles à nous écouter, et nous étions seuls.

— Mais non, — lui dis-je, — je ne sais rien.

— Elle est morte, — reprit-il, — de la poitrine, comme sa fille, un mois après le départ de ce diable de Marmor de Karkoël.

— Pourquoi cette date ? — fis-je alors, — et pourquoi me parlez-vous de Marmor de Karkoël ?...

— C'est donc la vérité, — répondit-il, — que vous ne savez rien ! Eh bien ! mon cher, il paraît qu'elle était sa maîtresse. Du moins l'a-t-on fait entendre ici, quand on en parlait à voix basse. A présent, on n'ose plus en parler. C'était une hypocrite du premier ordre que cette comtesse. Elle l'était comme on est blonde ou brune, elle était née *cela*. Aussi pratiquait-elle le mensonge au point d'en faire une vérité, tant elle était simple et naturelle, sans effort et sans affectation en tout. A travers une habileté si profonde qu'on n'a su que depuis bien peu de temps que c'en était une, il a transpiré des bruits bientôt étouffés par la terreur qui les transmettait... A les entendre, cet Ecossais qui n'aimait que les cartes, n'a pas été seulement l'amant de la comtesse, laquelle ne le recevait jamais chez elle comme tout le monde, et, mauvaise comme le démon, lui campait son épigramme comme à pas un de nous, quand l'occasion s'en présentait !... Mon Dieu, ceci ne serait rien, s'il n'y avait que cela ! Mais le pis est, dit-on, que le dieu du *chelem* avait fait *chelem* toute la famille. Cette pauvre petite Herminie l'adorait en silence, Mlle Ernestine de Beaumont vous le dira si vous le voulez. C'était comme une fatalité. Lui, l'aimait-il ? Aimait-il la mère ? Les aimait-il toutes les deux ? Ne les aimait-il ni l'une ni l'autre ? Trouvait-il seulement la mère bonne pour entretenir sa mise au jeu ?... Qui sait? Ici l'histoire est fort obscure. Tout ce qu'on certifie, c'est que la mère, dont l'âme était aussi sèche que le corps, s'était prise d'une haine pour sa fille, qui n'a pas peu contribué à la faire mourir.

— On dit cela ! — repris-je, plus épouvanté d'avoir pensé juste que je ne l'avais été d'avoir pensé faux, — mais qui peut savoir cela ?... Karkoël n'était pas un fat. Ce n'est pas lui qui se serait permis des confidences. On n'a pu jamais rien savoir de sa vie. Il n'aura pas commencé d'être confiant, ou indiscret, à propos de la comtesse de Stasseville.

— Non, — répondit le chevalier de Tharsis. — Les deux hypocrites faisaient la paire. Il est parti comme il est venu, sans qu'aucun de nous ait pu dire : « Il était autre chose qu'un joueur. » Mais, si parfaite de ton et de tenue que fût dans le monde l'irréprochable comtesse, les femmes de chambre, pour lesquelles il n'est point d'héroïnes, ont raconté qu'elle s'enfermait avec sa fille, et qu'après de longues heures de tête-à-tête, elles sortaient plus pâles l'une que l'autre, mais la fille toujours davantage et les yeux abîmés de pleurs.

— Vous n'avez pas d'autres détails et d'autres certitudes, chevalier ?... — lui dis-je, pour le pousser et voir plus clair. — Mais vous n'ignorez pas ce que sont des propos de femmes de chambre... On en saurait probablement davantage par Mlle de Beaumont.

— Mlle de Beaumont ! fit de Tharsis. — Ah ! elles ne s'aimaient pas, la comtesse et elle, car c'était le même genre d'esprit toutes les deux ! Aussi la survivante ne parle-t-elle de la morte qu'avec des yeux imprécatoires et des réticenses perfides.

Il est sûr qu'elle veut bien croire les choses les plus atroces...et qu'elle n'en sait qu'une, qui ne l'est pas... l'amour d'Herminie pour Karkoël.

— Et ce n'est pas savoir grand'chose, chevalier, — repris-je.

— Si l'on savait toutes les confidences que se font les jeunes filles entre elles, on mettrait sur le compte de l'amour la première rêverie venue. Or, vous avouerez qu'un homme comme ce Karkoël avait bien tout ce qui fait rêver.

— C'est vrai, — dit le vieux Tharsis, — mais on a plus que des confidences de jeunes filles. Vous rappelez-vous... non ! vous étiez trop enfant, mais on l'a assez remarqué dans notre société... que Mme de Stasseville, qui n'avait jamais rien aimé, pas plus les fleurs que tout le reste, car je défie de pouvoir dire quels étaient les goûts de cette femme-là, portait toujours vers la fin de sa vie un bouquet de résédas à sa ceinture, et qu'en jouant au whist, et partout, elle en rompait les tiges pour les mâchonner, si bien qu'un beau jour Mlle de Beaumont demanda à Herminie, avec une petite roulade de raillerie dans la voix, depuis quand sa mère était herbivore ?...

— Oui, je m'en souviens, — lui répondis-je. Et de fait, je n'avais jamais oublié la manière fauve, et presque amoureusement cruelle, dont la comtesse avait respiré et mangé les fleurs de son bouquet, à cette partie de whist qui avait été pour moi un événement.

Eh bien ! — fit le bonhomme, — ces résédas venaient d'une magnifique jardinière que Mme de Stasseville avait dans son salon. Oh ! le temps n'était plus où les odeurs lui faisaient mal.

Nous l'avions vue ne pouvoir les souffrir, depuis ses dernières couches, pendant lesquelles on avait failli la tuer, nous contait-elle langoureusement, avec un bouquet de tubéreuses. A présent, elle les aimait et les recherchait avec fureur.. Son salon asphyxiait comme une serre dont on n'a pas encore soulevé les vitrages à midi. A cause de cela, deux ou trois femmes délicates n'allaient plus chez elle. C'étaient là des changements ! Mais on les expliquait par la maladie et par les nerfs. Une fois morte, et quand il a fallu fermer son salon, — car le tuteur de son fils a fourré au collège ce petit imbécile, que voilà riche comme doit être un sot, — on a voulu mettre ces beaux résédas en pleine terre, et l'on a trouvé dans la caisse, devinez quoi !... le cadavre d'un enfant qui avait vécu... »

Le narrateur fut interrompu par le cri très vrai de deux ou trois femmes, pourtant bien brouillées avec le naturel. Depuis longtemps, il les avait quittées; mais, ma foi, pour cette occasion il leur revint. Les autres, qui se dominaient davantage, ne se permirent qu'un haut-le-corps, mais il fut presque convulsif.

« Quel oubli et quelle oubliette ! » fit alors, avec sa légèreté qui rit de tout, cette aimable petite pourriture ambrée, le marquis de Gourdes, que nous appelons le *dernier des marquis*, un de ces êtres qui plaisanteraient derrière un cercueil et même dedans.

« D'où venait cet enfant? — ajouta le chevalier de Tharsis, en pétrissant son tabac dans sa boîte d'écaille. — De qui était-il? Était-il mort de mort naturelle ? L'avait-on tué?.,. Qui l'avait tué ?... Voilà ce qu'il est impossible de savoir et ce qui fait faire, mais bien bas, des suppositions épouvantables.

— Vous avez raison, chevalier, — lui répondis-je, renforçant en moi plus avant ce que je croyais savoir de plus que lui. — Ce sera toujours un mystère, et même qu'il sera bon d'épaissir jusqu'au jour où l'on n'en soufflera plus un seul mot.

— En effet, — dit-il, — il n'y a que deux êtres au monde qui savent réellement ce qu'il en est, et il n'est pas probable qu'ils le publient, — ajouta-t-il, avec un sourire de côté. — L'un est ce Marmor de Karkoël, parti pour les Grandes-Indes, la malle pleine de l'or qu'il nous a gagné. On ne le reverra jamais. L'autre...

— L'autre ? — fis-je, étonné.

— Ah ! l'autre, — reprit-il, avec un clignement d'œil qu'il croyait bien fin, — il y a encore moins de danger pour l'autre C'est le confesseur de la comtesse. Vous savez, ce gros abbé de Trudaine, [qu'ils ont, par parenthèse, nommé dernièrement au siège de Bayeux.

— Chevalier, — lui dis-je alors, frappé d'une idée qui m'illumina, mieux que tout le reste, cette femme naturellement cachée, qu'un observateur à lunettes comme le chevalier de Tharsis appelait hypocrite, parce qu'elle avait mis une énergique volonté par-dessus ses passions, peut-être pour en redoubler l'orageux bonheur, — chevalier, vous vous êtes trompé. Le voisinage de la mort n'a pas entr'ouvert l'âme scellée et murée de cette femme, digne de l'Italie du seizième siècle plus que de ce temps. La comtesse du Tremblay de Stasseville est morte... comme elle a vécu. La voix du prêtre s'est brisée contre cette

nature impénétrable qui a emporté son secret. Si le repentir le lui
eût fait verser dans le cœur du ministre de la miséricorde éter-
nelle, on n'aurait rien trouvé dans la jardinière du salon. »

Le conteur avait fini son histoire, ce roman qu'il avait
promis et dont il n'avait montré que ce qu'il en savait, c'est-à-dire
les extrémités. L'émotion prolongeait le silence. Chacun restait
dans sa pensée et complétait, avec le genre d'imagination qu'il
avait, ce roman authentique dont on n'avait à juger que quelques
détails dépareillés. A Paris, où l'esprit jette si vite l'émotion par
la fenêtre, le silence, dans un salon spirituel, après une histoire,
est le plus flatteur des succès.

« Quel aimable dessous de cartes ont vos parties de whist !
— dit la baronne de Saint-Albin, joueuse comme une vieille
ambassadrice. — C'est très vrai ce que vous disiez. A moitié
montré il fait plus d'impression que si l'on avait retourné toutes
les cartes et qu'on eût vu tout ce qu'il y avait dans le jeu.

« — C'est le fantastique de la réalité, — fit gravement le
docteur.

— Ah ! — dit passionnément Mlle Sophie de Revistal, — il en est
également de la musique et de la vie. Ce qui fait l'expression de
l'une et de l'autre, ce sont les silences bien plus que les accords. »

Elle regarda son amie intime, l'altière comtesse de Damnaglia, au buste inflexible, qui rongeait toujours le bout d'ivoire, incrusté d'or, de son éventail. Que disait l'œil d'acier bleuâtre de la comtesse... Je ne la voyais pas, mais son dos, où perlait une sueur légère, avait une physionomie. On prétend que, comme Mme de Stasseville, la comtesse de Damnaglia a la force de cacher bien des passions et bien du bonheur.

« Vous m'avez gâté des fleurs que j'aimais, — dit la baronne de Mascranny, en se retournant de trois quarts vers le romancier. Et, cassant le cou à une rose bien innocente qu'elle prit à son corsage et dont elle éparpilla les débris dans une espèce d'horreur rêveuse :

« — Voilà qui est fini ! — ajouta-t-elle ; je ne porterai plus de résédas. »

LES DIABOLIQUES
N° 5